Sigrun Nennmann

Nimm Farbe, Pinsel und Papier

Sigrun Nennmann

Nimm Farbe, Pinsel und Papier

Anregungen zum Malen mit Kindern

Mit einem Vorwort von Professor Rudolf Seitz

Kösel

CIP-Kurztitelaufnahme der Deutschen Bibliothek

Nennmann, Sigrun:
Nimm Farbe, Pinsel und Papier : Anregungen zum Malen mit Kindern / Sigrun Nennmann. Mit e. Vorw. von Rudolf Seitz. – München : Kösel, 1984.
(Kösel für Eltern)
ISBN 3-466-30268-4

ISBN 3-466-30268-4

Gesamtherstellung: Kösel, Kempten
Umschlaggestaltung: Günther Oberhauser, München
Umschlagfoto: Christa Pilger-Feiler, München

Inhalt

Vorwort

Da kommt dann eines Tages die Tante auf Besuch und bringt ein Malbuch mit. Die Kinder sind begeistert. So ein dickes Buch. Schon geht's los. Mit Vehemenz wird ausgemalt.
Wäre die Begeisterung der Kinder nicht ein Grund, der schon ausreichen würde, Malbücher zu verschenken? Wo sie sich doch so freuen!
Sie freuen sich aber auch so kolossal über einen halben Zentner Schokolade . . .
Also, die Begeisterung allein reicht nicht aus!
Warum schenkt man Malbücher? Man gibt ja Geld aus, weil man den Kindern nützen will.
»Die Kinder lernen diszipliniert mit den Farbstiften umgehen, wenn sie so innerhalb der vorgegebenen Linien bleiben!«

– Das tun sie auch, wenn sie ihre eigenen Zeichnungen ausmalen.

»Sie lernen zeichnen, wenn sie die Formen ausfüllen!«

– Das ist nun mit Sicherheit nicht der Fall. Abgesehen davon, daß die meisten Zeichnungen in Malbüchern von sehr fragwürdiger Qualität sind, lernen die Kinder ihre Bildsprache nicht so direkt. Das ist komplizierter, geht über Erlebnisse, Eindrücke, Einsichten über das Gemeinte.

Was aber tun, wenn nun die Kinder mit so großer Begeisterung das neue Geschenk aufnehmen?
Geben Sie den Kindern Schere und Klebstoff! Man kann

schöne Papiertheater daraus bauen und nach kurzer Zeit liegt das Problem im Papierkorb!
Es gibt aber wirklich Situationen, in denen man als Erwachsener froh wäre, wenn man eine Hilfe zur Hand hätte; wenn die Kinder überhaupt nicht mehr aufhören zu quengeln: »Ich weiß nicht, was ich malen soll! Sag' mir, was ich malen soll!«
Da fragt man sich dann schon, ob es nicht Bücher gibt, Anregungen, Anleitungen, die den Kindern weiterhelfen. Es gibt tatsächlich ein paar gute Malbücher, die mit der Phantasie der Kinder rechnen und nicht gegen sie arbeiten. Leider sind sie selten. Oder auch schon wieder vergriffen. Sie haben keine so hohen Auflagen wie die verschiedenen Formelbücher, die den Kindern ihre eigene Bildsprache mit Erfolg abgewöhnen.
Manchmal, wenn der Urlaub völlig verregnet ist, alle Spiele zum xten Mal wiederholt wurden, einem beim besten Willen gar nichts mehr einfällt, dann hilft es, wenn man mit Reizformen eines kreativen Malbuches das Ganze wieder in Schwung versetzen kann. Dazu braucht man aber eigentlich keine Bücher, sondern Ideen.
In diesem Buch hat Sigrun Nennmann viele solche Ideen zusammengestellt. Sie wurden alle in ihrer Kindermalschule im Diözesanmuseum in Freising ausprobiert. Die Praxis spürt man allenthalben. So wird das Buch für den Praktiker glaubwürdig, für den Laien sofort einsehbar.
Ich bin sicher, daß es einem dabei so geht wie beim Kochen mit einem Kochbuch. Man blättert, sucht, bleibt hängen, findet Geschmack, entschließt sich und wenn man dann zu kochen anfängt, macht man es noch einmal anders.

Sigrun Nennmann hat an der Akademie der Bildenden Künste in München Malerei, Graphik und Kunstpädagogik studiert. Viel von ihrer eigenen Kreativität ist in diese Malimpulse und -anregungen eingeflossen.
Ich wünsche dem Buch, daß es auch die Phantasie und Kreativität der Leser anregt.
Kinder brauchen, wenn sie wirklich einmal nicht wissen, was sie malen sollen, Impulse, mehr nicht. Wir sollten keine Rezepte aus dem Buch machen. So ist das nicht gemeint.
Und vergessen sie nicht: Wir sollten die Kinder nicht immer zu etwas anregen, was wir Erwachsenen selbst nicht mehr tun. Den größten Spaß würde es machen, wenn wir mit unseren Kindern zusammen zeichnen und malen würden.

Rudolf Seitz

Einführung

Im Gegensatz zu vielen Erwachsenen empfinden Kinder beim Malen noch die anspruchslose Freude am »Machen«, die Freude am kreativen Prozeß an sich.
Oft sitzen Kinder aber auch vor einem leeren Blatt und wissen nicht, was sie malen könnten, da ihnen eine Anregung, ein Impuls von außen fehlt. Ein kleiner Anstoß – und die herrlichsten Bilder entstehen. In diesem Buch, das auf Erfahrungen meiner dreijährigen Praxis mit Kindermalgruppen im Freisinger Diözesanmuseum beruht und in Zusammenarbeit mit Professor Seitz entstand, habe ich verschiedene Möglichkeiten zusammengestellt, mit deren Hilfe Sie als Eltern Ihren Kindern den kleinen Anstoß zur künstlerischen Entfaltung geben können.

Inhaltliche Schwerpunkte dieses Buches

Das Buch gliedert sich in fünf Teile, die fließend ineinander übergehen.
Sämtliche Themen sind so gestaltet, daß sie für das Kind Anregungen zum Weiterdenken, Weitermalen, kreativem Reagieren bzw. Agieren bedeuten.
Die einzelnen Teile haben folgende Schwerpunkte zum Inhalt:

- Impulse aufgreifen und weiterentwickeln, z. B.
  Auf die Plätze fertig los
  Spuren im Schnee
  Fotografieren
- Verarbeiten einer Geschichte durch Umsetzen der Bilder, z. B.
  Das Haus der Waldschelle
  Rate mal
- Auseinandersetzung mit Umwelteindrücken, Projektion von Ängsten und Wünschen, z. B.
  Fernsehen
  Spaziergang im Park
- Eigenständige Weiterentwicklung einer Geschichte, z. B.
  Die Puppen im alten Turm

- Veränderbarkeit von Dingen erkennen, Zuordnung von Dingen unterschiedlichen Charakters zu unterschiedlichen Menschen, z. B.
  Tapetenentwerfer
  Familie Müller

Neben den verschiedenen inhaltlichen Aspekten wird das Kind angeregt, verschiedene Gestaltungsmittel bzw. Techniken einzusetzen: Collage (Das Haus der Waldschelle), Muster, Ornament zeichnen (Tapeten, Sofa), naturalistisches Zeichnen (Fotografieren), Entwickeln von Serien (Fernsehfilm), was zu einem freieren Umgang mit bildnerischen Mitteln, sowie zu größerer Wahrnehmungsdifferenzierung beiträgt.

Zeichenmaterial

Welches Material im einzelnen gebraucht wird, ist bei jedem Thema detailliert angeführt.

Farben

Die Themen sind so gewählt, daß vor allem mit Filzstiften, Wachsmalkreiden und Wasserfarben gemalt wird. Dispersions- und Kleisterfarben können hinzugenommen werden, besonders, wenn man auf größerem Format malt. (Für Kleisterfarben kaufen Sie das Pigment im Malergeschäft und rühren es mit Tapetenkleister und Wasser, am besten mit einem Schneebesen, an. In Marmeladegläser abgefüllt und verschlossen können sie lange aufbewahrt werden.)
Filzstifte sollten die Kinder in drei verschiedenen Strichstärken zur Verfügung haben (fein, mittel, dick). Buntstifte sind im allgemeinen bei Kindern nicht sehr beliebt, da sie zu wenig Farbe abgeben, wogegen Filz- und Wachsstifte Bilder in leuchtenden Farben entstehen lassen.

Pinsel

Falls mit Wasser-, Dispersions- oder Kleisterfarben gemalt wird, werden mindestens drei verschiedene Pinsel benötigt, um sowohl fein als auch dick und großzügig malen zu können (3er, 6er, 12er-Pinsel).

Papier

Kinder brauchen viel Papier und großformatige Blätter, kleine Blätter engen die Kinder zu sehr ein. Falls sie Zeichenblöcke kaufen, mindestens DIN A 3, was ungefähr 30 × 42 cm entspricht. Besser ist es, Sie schneiden die Zeichenblätter selbst zurecht, so kann das Format beliebig variiert werden. Makulaturpapierrollen gibt es billig bei großen Zeitungsdruckereien oder im Tapetengeschäft. Auch die Rückseite alter Tapetenrollen ist bestens geeignet, ebenso alte Tapetenmusterbücher, die Sie umsonst im Tapetengeschäft erhalten. Falls Sie das Papier selbst zurechtschneiden, sollten sie dies sehr sorgfältig machen. Irgendwelche Fetzen animieren die Kinder selten zum Malen. Schließlich entstehen kleine Kunstwerke. Man sollte sie nicht unterschätzen.

Malkittel

Ziehen sie den Kindern zum Malen ein ausgedientes altes Hemd als Malkittel an, vor allem, wenn mit Dispersionsfarben gemalt wird. So bleibt die Kleidung von Farbflekken verschont. Die Kinder fühlen sich wohler.

Durchführung

Die Malanregungen in diesem Buch sind für Fünf- bis Zehnjährige gedacht. Es können bei jedem Thema beliebig viele Kinder mitmalen. Wenn auch Sie gelegentlich *mit*malen (nicht *vor*malen), ist das natürlich ganz toll. (Immer auf einem eigenen Blatt, nie in die Kinderzeichnung malen, die Kinder werden sonst durch Ihre vielleicht perfektere Zeichnung entmutigt, weiterzuzeichnen.) Wichtig ist, daß Sie den Kindern, wie im einzelnen angegeben, die Blätter vorbereiten, mit ihnen besprechen, was gemalt wird und hinterher gemeinsam die Ergebnisse betrachten. Zum Teil können die Zeichenblätter auch mit den Kindern zusammen vorbereitet werden, je nachdem, wieviel Zeit sie zur Verfügung haben und wie groß die Konzentration der Kinder ist. Bei mehr als drei Malkindern ist es jedoch sinnvoll, wenn Sie die Vorarbeit leisten, da sich sonst die ganze Malfreude der Kinder darin erschöpft. Die Themen stehen untereinander in Beziehung, von daher wäre es zweckmäßig, die vorgegebene Reihenfolge beizubehalten.

Und nun viel Spaß!

Was an Ergebnissen alles entstehen kann, zeigen die Kinderzeichnungen in diesem Buch, die aus meiner eigenen Zusammenarbeit mit Kindermalgruppen stammen.

Wer bin ich – Wer bist Du?

Ein Poster von uns selbst

Material Für jedes Kind ein vorbereitetes Zeichenblatt, mindestens DIN A 3 (besser größer), Filzstifte, Wachsmalkreiden oder Wasserfarben.

Vorbereitung Teilen Sie mit einem dicken schwarzen Filzstift jedes Blatt in 15 ungefähr gleich große Felder ein (siehe Abb. 1).

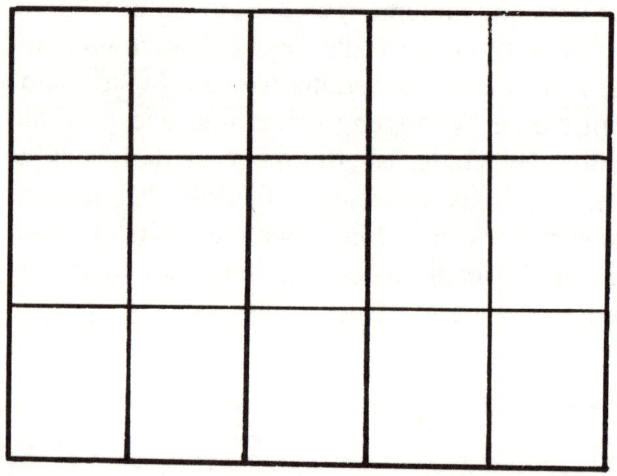

Abb. 1

Durchführung

Jedes Kind bekommt ein vorbereitetes Blatt. Es wird am Tisch, bei sehr großen Blättern auf dem Boden oder an der Wand, gemalt (so bei jedem Thema).
»Wir gestalten ein Poster von uns selbst. In jedes Kästchen auf dem Blatt wird eine ganz bestimmte Eigenschaft gemalt.«
Besprechen Sie Kästchen für Kästchen mit den Kindern, was sie über sich malen (z. B. Augenfarbe, geben Sie den Kindern einen Spiegel, in dem sie ihre Augen genau betrachten können, das Malen fällt dann leichter).
Jedes Kästchen wird anschließend beschriftet (kleineren Kindern können Sie die Hand führen, das macht den meisten Kindern Spaß).
Eine mögliche Reihenfolge der Selbstaussagen wäre etwa: Mein Name – Mein Alter – Meine Haarfarbe – Meine Augenfarbe – Meine Eltern – Meine Geschwister – Mein Wohnort – Mein Haus – Meine Lieblingsfarbe – Mein Lieblingsessen – Mein Lieblingstier – Mein Lieblingsspiel – Meine Lieblingsblume – Mein Lieblingswetter – Mein Lieblingsberuf.
Sie können natürlich frei variieren, bzw. ergänzen. Spannend für die Kinder ist sicher, wenn Sie auch ein Poster über sich malen.

Mein Name:
SiLKE
RoppEL
Mein Alter:
10
Meine Haarfarbe:
Meine Augenfarbe:
Meine Eltern:
Meine Geschwister:
Mein Wohnort:
Mein Haus:
Meine Lieblingsfarbe:
Mein Lieblingsessen:
SPA: Geti
To: ma: ten
Mein Lieblingstier:
Hase
Mein Lieblingsspiel:
Meine Lieblingsblume:
Mein Lieblingswetter:
Mein Lieblingsberuf:

Auf die Plätze, fertig, los

Spurenspiele mit dem Filzstift

Material

Für jedes Kind sieben vorbereitete Zeichenblätter DIN A 3, Filzstifte.

Vorbereitung

Malen Sie auf jedes Blatt mit einem Pinsel oder dickem Filzstift bunte Punkte, entsprechend den Abbildungen 2 bis 7.

Slalom fahren

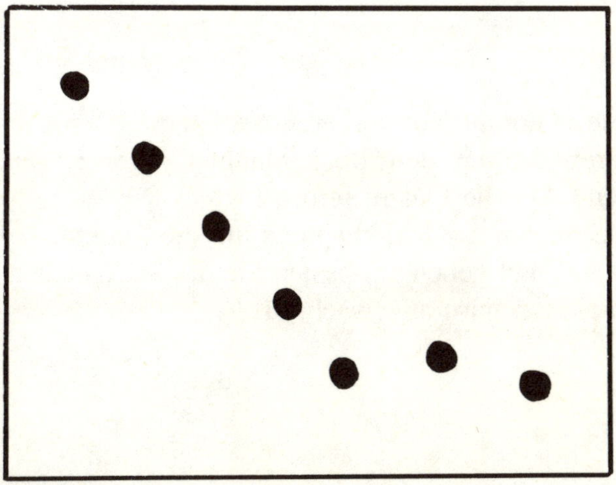

Abb. 2

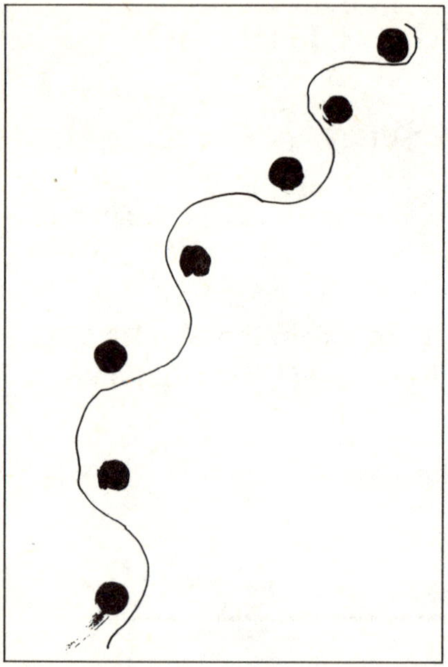

Durchführung

Jedes Kind bekommt ein vorbereitetes Blatt.
»Wir fahren Slalom den Berg hinunter. Wer ist am schnellsten? Auf die Plätze, fertig, los!«
Die Kinder malen die Slalomspuren um die Punkte.
Beim ersten Spiel geben am besten Sie die Startzeichen, bei den weiteren wird abgewechselt.

Um die Bäume sausen

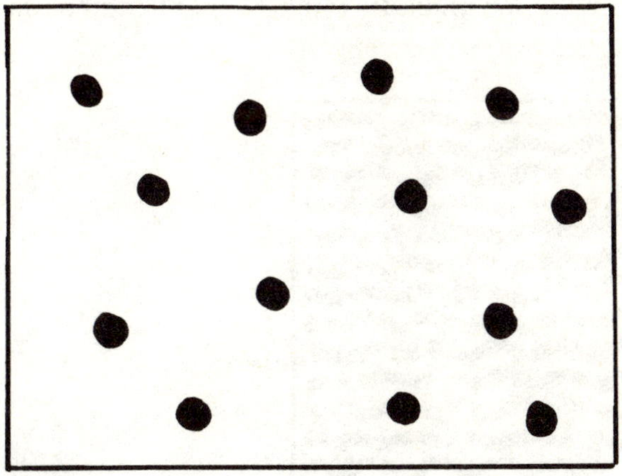

Abb. 3

Die Punkte sollen Bäume auf einer Wiese darstellen. »Wir sausen um die Bäume, keiner darf ausgelassen werden. Wer ist am schnellsten? Auf die Plätze . . .?«

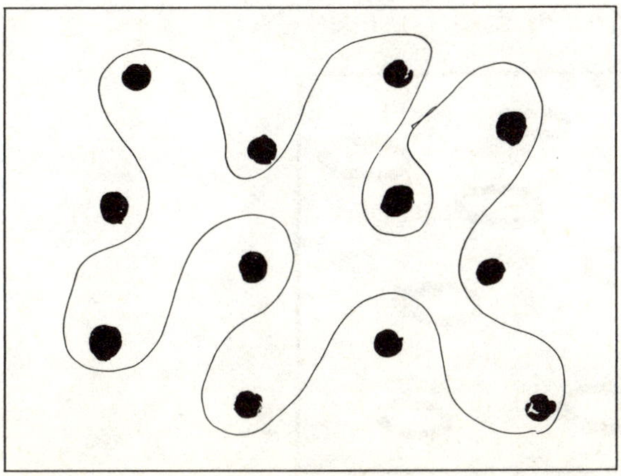

Von Stein zu Stein

Malen sie blaue Wellen unter die Punkte, oder nehmen Sie blaues Tonpapier.

Abb. 4

Die Punkte sind Steine im Wasser.
»Wir hüpfen von Stein zu Stein. Wer schafft es am schnellsten, ohne reinzufallen? Auf die . . .!«

Pfützen springen

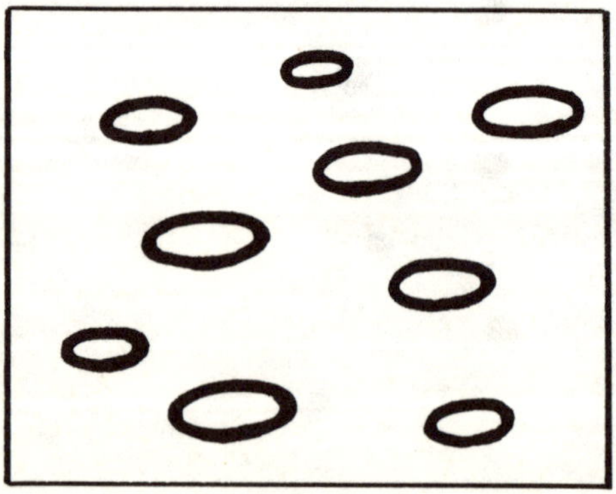

Abb. 5

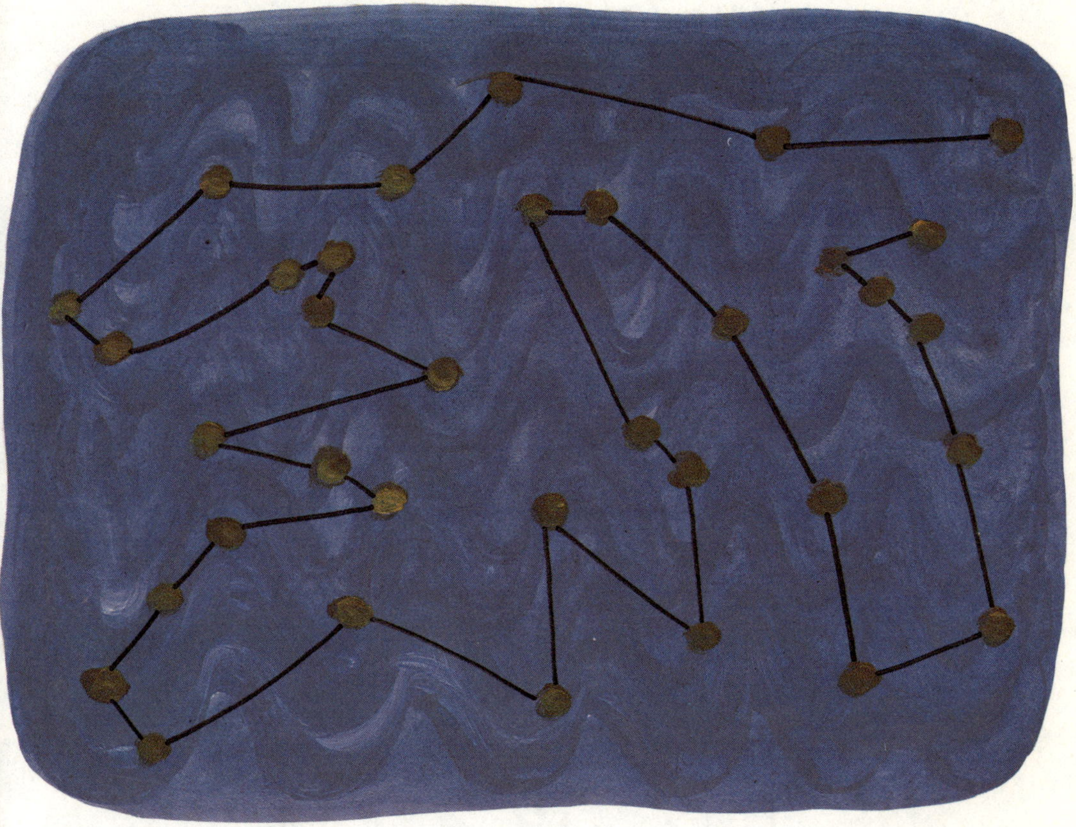

Die Kreise sind Pfützen.
»Wer springt am schnellsten über die Pfützen, ohne reinzutreten? Auf die . . .!«

Zick – Zack

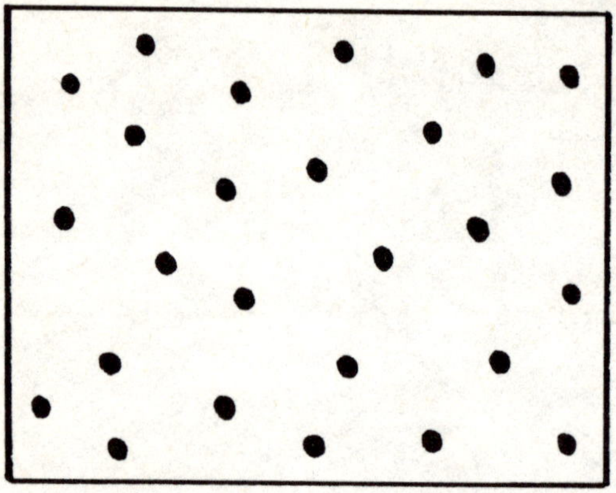

Abb. 6

Die Punkte sind Lampions, die von einer Decke hängen. »Wir ziehen Zick-Zack-Girlanden von Lampion zu Lampion. Auf die Plätze . . .!«

Dreiecke und Vierecke

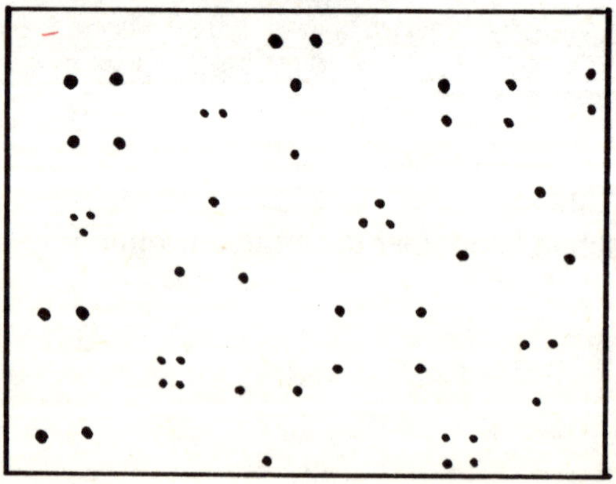

Abb. 7

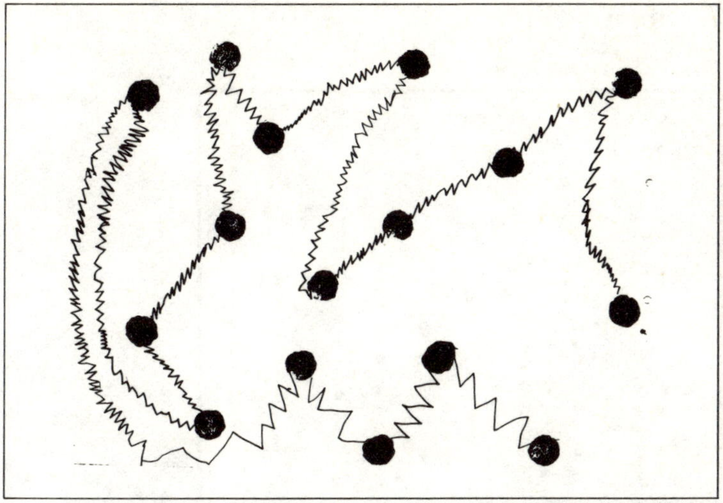

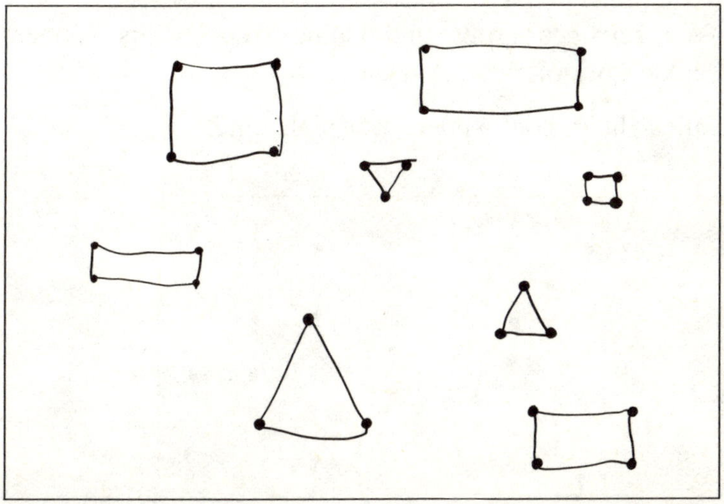

»Wer kann die Punkte so verbinden, daß große und kleine Dreiecke und Vierecke entstehen? Es können auch Punkte übrigbleiben. Auf die . . .!«

Treppen

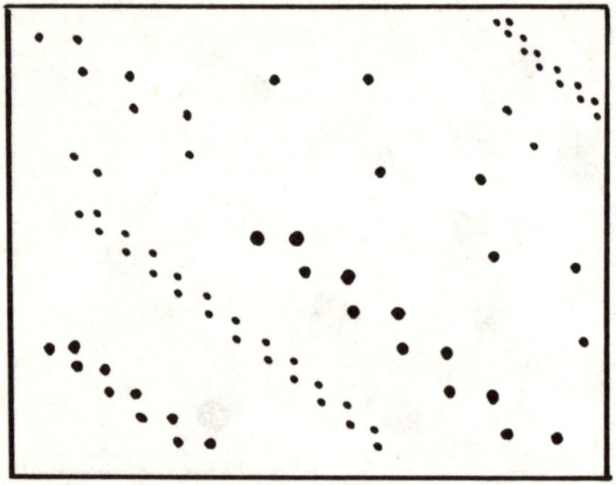

Abb. 8

»Wir zeichnen große und kleine Treppen. Es können Punkte übrigbleiben. Auf die . . .!«

Fallen Ihnen noch andere Beispiele ein?

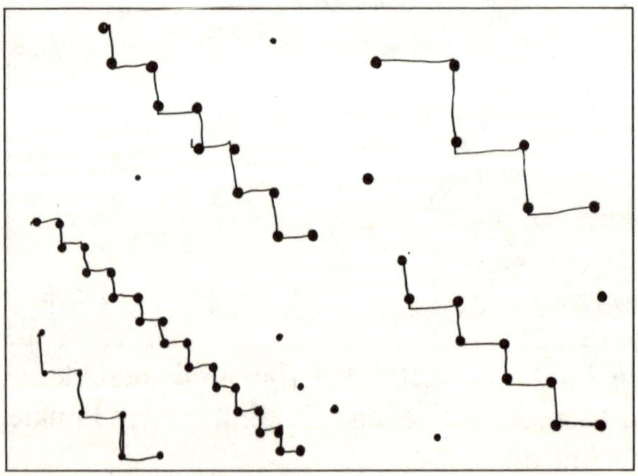

Spuren im Schnee

Ein Winterspaziergang

Material

Für jedes Kind ein vorbereitetes Zeichenblatt DIN A 3, schwarze Filzstifte (fein).

Vorbereitung

Zeichnen Sie mit einem schwarzen Filzstift Schuhspuren quer über jedes Blatt (siehe Abb. 9).

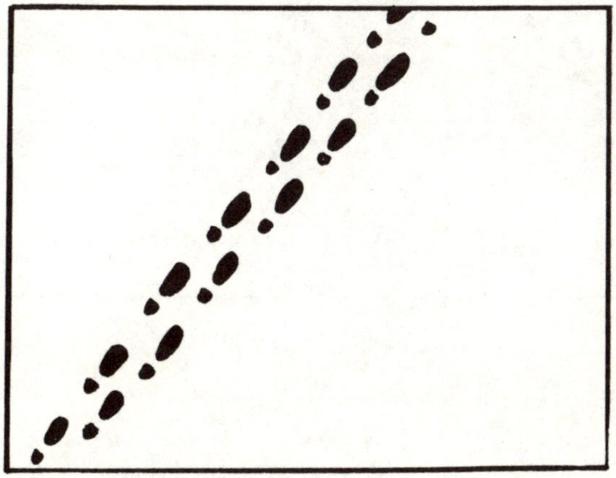

Abb. 9

Durchführung

Jedes Kind bekommt ein vorbereitetes Blatt. Das Blatt soll eine von Schnee bedeckte Wiese darstellen, über die gerade ein Mann spaziert ist, der mit seinen Schuhen eine Spur hinterlassen hat.
»Wer kann noch alles Spuren im Schnee machen, und wie sehen sie aus? Sie können sich kreuz und quer übers Blatt verteilen, je nachdem, wer oder was sich im Schnee alles bewegt hat.«

Wenn die Kinder mit dem Zeichnen fertig sind, lassen Sie sich unbedingt die verschiedenen Spuren erklären.

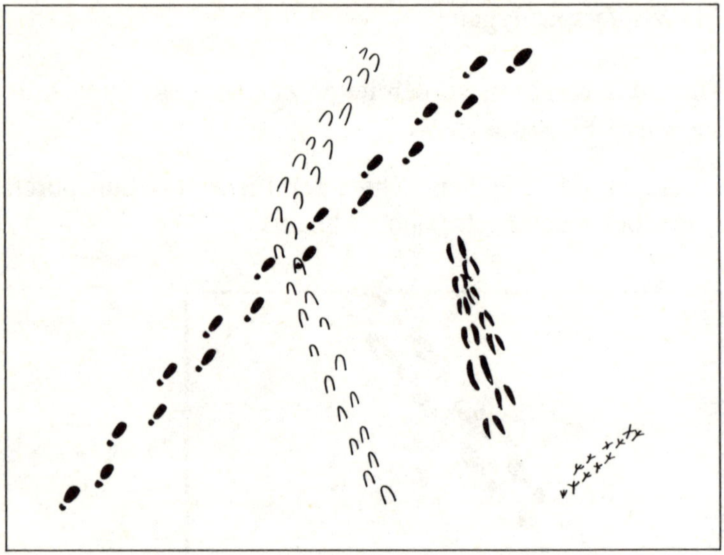

Fotografieren

Der Fotoapparat

Material

Für jedes Kind ein vorbereitetes Zeichenblatt DIN A 3 oder A 4, je ein schwarzer Filzstift (mittlere Stärke), bunte Wachs-, Filzstifte oder Wasserfarben, ein Stück Karton (ungefähr 20 × 25 cm), Klebstoff, Schnur oder Kordel ca. 50 cm lang.

Vorbereitung

Zeichnen Sie mit einem schwarzen Filzstift einen Kreis von ca. 3 cm Durchmesser, darüber ein Quadrat von ca. 2 cm Kantenlänge (Linse und Sucher einer Kamera) in die Mitte jedes Zeichenblattes (siehe Abb. 10).

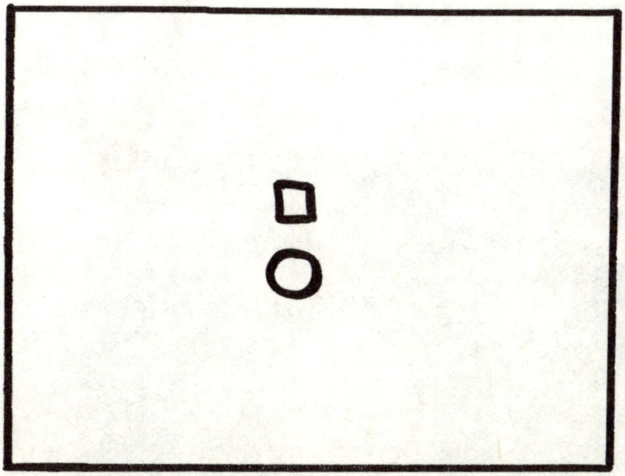

Abb. 10

Durchführung

Zeigen Sie den Kindern einen Fotoapparat (am besten ohne Film), und besprechen Sie mit ihnen Funktion und Bedeutung seiner wichtigsten Teile (wo man durchschaut, drückt . . .).

Falls Sie keine Kamera zur Hand haben, können sie auch Abbildungen aus Zeitschriften oder Prospekten als Anschauungsmaterial hernehmen. Danach werden die Zeichenblätter verteilt, die Kinder raten, welche Teile des Fotoapparates dargestellt sind und malen den Fotoapparat fertig.

Die gemalten Kameras werden ausgeschnitten, von der Rückseite mit Karton verstärkt, an den oberen beiden Ecken je ein kleines Loch eingeschnitten und eine Kordel durchgezogen. Nun können die Kinder ihren Fotoapparat umhängen und fotografieren spielen.

Achten Sie beim Ausschneiden darauf, daß ein Loch zum Durchschauen mitausgeschnitten wird.

Wir fotografieren und malen

Material

Für jedes Kind mehrere Zeichenblätter DIN A 3, bunte Filzstifte, Wachsmalkreiden oder Wasserfarben.

Durchführung

»Mit unseren selbst hergestellten Fotoapparaten spielen wir nun fotografieren. Es gibt eine Menge interessanter Dinge drinnen und draußen. Auch sich gegenseitig fotografieren macht Spaß, das Gesicht des Bruders, der Freundin, ... ein Auge, Mund oder Nase ...«.

Achten Sie darauf, daß die Kinder beim ›Fotografieren‹ ihre Objekte genau ›anvisieren‹, d. h. genau hinsehen, ›die Entfernung richtig einstellen‹.
Lassen Sie sich von den Kindern erzählen, was sie alles fotografieren und wie die Dinge aussehen. Die Kinder sollen ihre Fotos dann möglichst detailreich malen, ›entwickeln‹.
Betrachten Sie zusammen die ›entwickelten‹ Fotos. Weisen Sie dabei auf fehlende Details hin und schauen Sie sich die Dinge noch einmal gemeinsam an. ›Der Fotoapparat war nicht scharf genug eingestellt.‹ Wenn die Kinder noch Lust haben, können sie ihre Fotos ›verbessern‹.
Falls genügend Bilder produziert wurden, basteln Sie doch ein Fotoalbum mit den Kindern (zusammengeheftete Zeichenblätter oder Tonpapiere). Die Kinder können ihre Fotos dann einkleben und das Deckblatt bunt bemalen.

Fotos zum Weitermalen

Material Für jedes Kind mehrere vorbereitete Zeichenblätter DIN A 3, Wachsstifte, Filzstifte oder Wasserfarben und verschiedene Pinsel.

Vorbereitung Malen Sie mit Wasserfarben oder Wachsstiften einfache Formen, wie z. B. Wolken, Wellen . . . (siehe Abb. 11) auf die Zeichenblätter. Die Formen sollen später von den Kindern zu einem Bild ergänzt werden.

Vielleicht fallen Ihnen noch andere Formen ein.

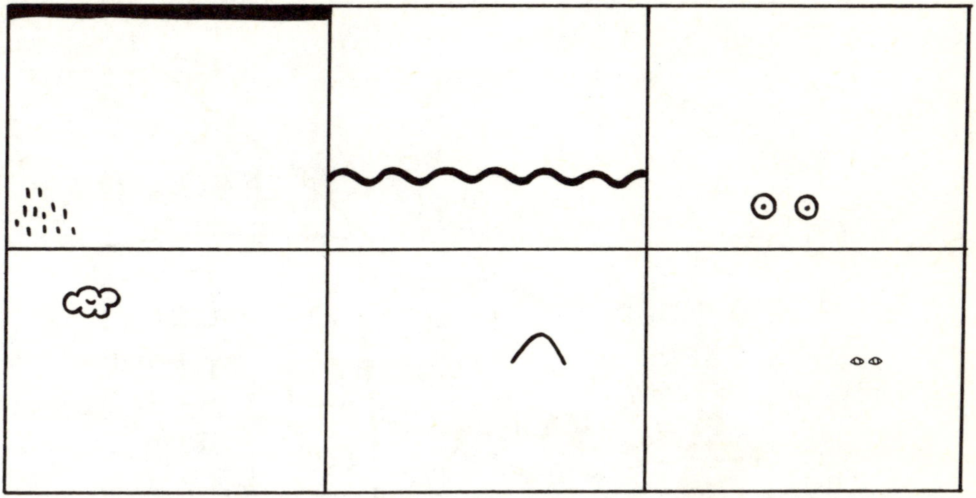

Abb. 11

Durchführung

Verteilen Sie die vorbereiteten Zeichenblätter (immer nur ein Blatt pro Kind; geben Sie den Kindern erst dann weitere Blätter, wenn ein Bild fertig gemalt ist, sie bleiben sonst nicht konzentriert bei einem Blatt).

Knüpfen Sie an das Fotografierspiel an. Sie können die Blätter als ihre eigenen Fotoexperimente präsentieren, bei denen die Kamera nicht scharf genug eingestellt war. Deshalb ist auf den Blättern nicht viel zu sehen. Die Kinder raten, was die einzelnen Formen darstellen könnten und malen die Fotos dann fertig.

Es können ganz unterschiedliche Ergebnisse dabei herauskommen; zwei Räder können beispielsweise Bestandteil eines Fahrrades, Autos oder Traktors sein.

Beginnen Sie, die Fotos zu malen, die Kinder raten und vervollständigen die Bilder.

IGitt IGitt
ist das schön

Mit zwei Händen

Ein Malspiel zum Austoben

Material Für jedes Kind mehrere Zeichenblätter, mindestens DIN A 3 (besser größer), dicke Filz- oder Wachsstifte.

Vorbereitung entfällt

Durchführung Jedes Kind bekommt mehrere Zeichenblätter, zwei verschiedenfarbige Filz- oder Wachsstifte.
»Wir nehmen in jede Hand einen Stift und malen mit beiden Händen einfach drauf los, kreuz und quer übers Blatt, Hauptsache, es macht Spaß.«
Mit Musik geht's noch besser. Gegensätzliche Musik ist besonders gut geeignet, z. B. laut – leise, langsam – schnell . . .
Es können auch zwei Kinder mit je einem Stift zusammen auf einem Blatt malen.

Die Waldschelle

Lesen Sie den Kindern zunächst die Geschichte vor. Anschließend gibt es zwei Malspiele.

Die Waldschelle

Lone war eine hübsche kleine Gärtnerstochter. Sie liebte Pflanzen und Tiere über alles, zur Freude ihrer Eltern, denn der Vater war selbst ein begeisterter Gärtner, pflanzte, hegte und pflegte seine Pflänzchen jahraus jahrein, so gut er nur konnte. Aber Lone machte ihren Eltern auch viel Kummer, denn sie verschwand oft zwischen Blumen und Sträuchern und war den ganzen Tag nicht zu sehen. Oft ging sie sogar in den Wald und kam erst bei Dunkelheit zurück. »Es ist so schön draußen. Alle Pflanzen und Tiere sind meine Freunde und erzählen mir ihre Geschichten«, sagte sie nur, wenn die Eltern besorgt fragten, warum sie denn immer so spät nach Hause käme.
Eines Abends aber, sie wollte gerade aus dem Wald nach Hause spazieren, hörte sie im Wind ihren Namen rufen: »Lone, Lone, Lone . . .« Sie blieb stehen, horchte, konnte aber niemanden sehen. Sie lauschte weiter und plötzlich hörte Lone die Stimme sagen: »Siehst du im Gras neben dir die drei Nüsse liegen?« Lone blickte um sich, tatsächlich, es lagen drei Nüsse neben ihr im Gras. »Wenn du eine davon ißt, dann wirst du zu einem Fuchs, ißt du dann als Fuchs die beiden anderen, so wirst du wieder ein Mensch. Die Nüsse werden jeden Tag am selben Platz liegen. Ein tolles Spiel, nicht wahr?« Ja, das war es. Nun konnte Lone wirklich mit den Tieren reden sooft sie wollte und war so wie sie.
»Paß aber auf, daß du nie die beiden Nüsse verlierst, die dich wieder in

einen Menschen verwandeln«, sagte die Stimme noch und verklang. Lone ahnte ja nicht, daß dies die Stimme der Waldschelle war, vor der sie die Eltern so oft gewarnt hatten. Sie probierte das Spiel gleich aus. Die Verwandlung funktionierte, toll.

Sie ging nach Hause und träumte die ganze Nacht vom Wald, den vielen Tieren und ihrem neuen Geheimnis.

Sooft sie Lust hatte ging sie nun in den Wald und verwandelte sich in einen Fuchs. Sie konnte nun riechen, sehen, reden, sich bewegen wie ein Tier und gewann viele, viele Freunde. Sie hopste und tollte mit den anderen Füchsen herum soviel sie nur konnte.

Eines Tages aber, sie wollte gerade die beiden Nüsse schlucken, kam ein Windstoß und weg waren sie. Lone suchte und suchte, konnte sie aber nicht finden. Nun mußte sie wohl ein Fuchs bleiben. Ist halb so schlimm, dachte Lone, ich hab doch so viele Freunde, die werden mir helfen. Aber alle waren verschwunden. Die Waldschelle hatte sie weggerufen, denn sie wollte Böses für Lone. Sie hatte auch den Windstoß geschickt, der Lone die Nüsse fortblies. So irrte sie nun umher, rief nach ihren Freunden und verirrte sich immer mehr im Dickicht. Sie war allein und sehr, sehr traurig. Es wurde dunkel und Lone versuchte zu schlafen. Am nächsten Morgen suchte sie weiter, fand aber keine Nüsse und keine Freunde, nur Hunger quälte sie. Aber auch zu fressen fand sie nichts. Sie war nun ja ein Fuchs, und Füchse haben einen anderen Geschmack als Menschen. Sie war schon ganz erschöpft, als sie vor sich einen großen Bauernhof sah mit einem großen Hasenstall. Ich werde die Häslein fragen, vielleicht können die mir helfen, dachte sie. Lone schlich an den Hasenstall, setzte sich auf die Hinterläufe und wandte sich gegen die Stallgitter. Zufällig blickte der Bauer aus dem Fenster und dachte nichts anderes, als der Fuchs wolle einen Hasen stehlen und fressen. Er kam mit einem Knüppel heraus, schlug auf Lone ein, bis sie bewußtlos am Boden lag, und er hätte wohl weitergeschlagen, wenn nicht Kajo, des Bauers kleiner Sohn aus dem Haus gekommen wäre und seinen Vater gebeten hätte, er möge den Fuchs

leben lassen. »Er ist doch noch so jung, und ich wollte immer schon einen kleinen Fuchs haben. Ich werde ihn zähmen und bei mir haben.« Der Vater war zunächst anderer Meinung, ein Hasendieb käme ihm nicht ins Haus, doch Kajo drängte so lange, bis der Vater einwilligte. »Wir werden es versuchen«, sagte er, »aber fehlt auch nur ein Hase, oder erwische ich den kleinen Räuber im Stall, so ist er tot, verstanden?«
Kajo verstand. Er nahm Lone mit sich ins Zimmer, pflegte sie, gab ihr zu fressen und Lone war bald wieder bei Kräften. Kajo spielte mit ihr, sagte ihr aber jeden Tag von neuem, daß sie nie allein an den Hasenstall gehen dürfe. Lone verstand zwar nicht warum, die Hasen waren doch ihre Freunde, aber weil sie Kajo lieb hatte, dachte sie ›er wird bestimmt einen Grund dafür haben‹ und mied den Hasenstall. Ansonsten konnte sie herumspielen wo sie wollte, und sie ging mit Kajo zwischen Blumen und Sträuchern spazieren wie früher, nur jetzt als Fuchs. Sie war glücklich. So vergingen die Jahre. Doch sie gewann Kajo immer lieber und bekam große Angst, daß er bald weggehen werde, denn er war ja nun auch schon älter und würde sicher bald seine Eltern verlassen, einen Beruf erlernen oder studieren. Sie wurde furchtbar traurig. Sie mußte zur Waldschelle und diese um die Nüsse bitten, die sie wieder in einen Menschen verwandeln würden. In der Nacht schlich sich Lone hinaus, lief in den Wald und suchte das Haus der Waldschelle. Aber wo suchen? Kaum ein Mensch hatte je das Haus gesehen. Lone war schon ganz verzweifelt, da stand die Waldschelle plötzlich vor ihr. Sie war lang und dürr, hatte große Kulleraugen, einen riesigen Mund, eine lange Nase, struppige Haare, knochige Finger und trug ein zerrissenes Hemd, einen geflickten, langen Rock und Schuhe mit Löchern. Sie lachte nur ein böses Lachen. »Ich weiß schon, was du möchtest, Schätzchen«, sagte sie. »Komm mit.« Lone folgte ihr herzklopfend. Nach einiger Zeit standen sie vor einem kleinen Häuschen, vor dem ein langer Baum stand. »Dies ist ein Wunderbaum«, sagte die Waldschelle, »hier wachsen jeden Tag drei Nüsse. Du kannst sie haben und wieder ein Mensch werden, dafür aber bringe Kajo her. Ich kann ihn

gut gebrauchen. Es ist sicher leicht für dich, ihn in den Wald zu locken und zu verschwinden, wenn ich dir ein Zeichen gebe.« Das war das Schlimmste. Sie sollte Kajo der Buschhexe ausliefern, um die Nüsse zu bekommen, niemals, dann wollte sie lieber ein Fuchs bleiben. Aber was sollte sie als Fuchs machen, wenn Kajo wegging. Sie blieb die ganze Nacht im Wald und überlegte. Plötzlich stand ein fingergroßes Männlein vor ihr und sagte: »Du bist traurig Lone, ja, du warst immer ein Freund der Tiere und Pflanzen, wir mögen dich alle. Ein wenig kann ich dir vielleicht helfen. Du mußt es schaffen, an den Hasenstall zu kommen und mit dem großen, schwarzen Hasen zu reden. Er kennt das Haus der Waldschelle und den Wunderbaum. Er kann dir die Nüsse holen und er ist schnell genug, um der Waldschelle zu entkommen.« Lone war überglücklich, sie bedankte sich tausendmal bei dem kleinen Männlein und ehe sie fragen konnte, wer es überhaupt sei, war es auch schon verschwunden. Lone eilte zum Bauernhof und zum Hasenstall. Daß ihr dies ja eigentlich verboten war, hatte sie in ihrer Aufregung ganz vergessen. Sie stellte sich auf die Hinterläufe, beugte sich in den Stall und erzählte die Geschichte dem großen, schwarzen Hasen. »Du hast uns nie etwas zu leid getan, Lone«, sagte der schwarze Hase, »ich will dir und Kajo den Gefallen tun«, und schon war er mit ein paar Sätzen überm Zaun. Lone fiel erschöpft zu Boden und schlief vor dem Hasenstall ein. Der Bauer kam, wollte die Hasen füttern, sah Lone vor dem Stall, stellte fest, daß der große Schwarze fehlte und dachte nichts anderes, als Lone hätte ihn gefressen und halte nun ein Verdauungsschläfchen. Er eilte in den Schuppen, um einen Knüppel zu holen. ›Dieses Mal gibt es keine Gnade‹, dachte er. Er schlug auf Lone ein, hielt aber plötzlich inne als der große, schwarze Hase vor ihm stand mit zwei Nüssen in den Pfoten. Nun ging alles sehr schnell. Lone war noch lebendig genug, um die Nüsse zu schlucken und Sekunden später stand Lone in ihrer Menschengestalt vor dem Bauer: blonde, lange Haare, schmales Gesicht, kleiner Mund, blaue Augen, helle Haut, kleine Hände, barfuß und immer noch in dem weißen Hemdchen, das sie damals trug, nur ein paar Jahre älter und hübscher. Sie erzählte die ganze Geschichte, Kajo kam dazu und sie wurden allesamt sehr, sehr glücklich: Kajo und Lone, der Bauer, Lones Eltern und sogar der große schwarze Hase und viele Blumen und Bäume noch dazu, denn überall, wo Lone und Kajo hinkamen blühte es.

Das Haus der Waldschelle

Material

Für jedes Kind ein vorbereitetes Zeichenblatt DIN A 3 oder größer, Klebstoff, Zeitschriften, Schere.

Vorbereitung

Zeichnen Sie auf jedes Blatt mit einem dicken schwarzen Filzstift möglichst einfach die Kontur eines Hauses (siehe Abb. 12).

Abb. 12

Durchführung

Jedes Kind bekommt ein vorbereitetes Blatt.
»Auf den Blättern ist das Haus der Waldschelle dargestellt. Sie möchte es gerne geschmückt haben. Wir schneiden aus Zeitschriften Sachen zum Essen aus und kleben damit das ganze Haus voll. Die Waldschelle wird dafür nie wieder ein Kind in einen Fuchs verwandeln.«

neu
DIÄT
Lift

Rate mal

Material

Für jedes Kind ein vorbereitetes Zeichenblatt, mindestens DIN A 3 oder größer, dicke Filz- oder Wachsstifte.

Vorbereitung

Teilen Sie die Zeichenblätter mit einem dicken schwarzen Filzstift durch eine Mittellinie in zwei ungefähr gleich große Hälften.

Durchführung

Jedes Kind bekommt ein vorbereitetes Blatt und Farben.
»Wir spielen ein Bilderrätsel.«
Sie geben Rätsel auf, die Kinder raten und malen. Lesen Sie dazu der Reihe nach untenstehende Begriffe vor. Wichtig ist, daß Sie nach jedem Wort eine Pause machen, so daß die Kinder Schritt für Schritt mitmalen können und so eine Märchenfigur aus der ›Waldschelle‹ entsteht.
»Wer errät die Figur?«
Gemalt wird zunächst auf die linke Bildhälfte, die zweite Figur anschließend auf die rechte Seite.

Figur I:
lange Nase – große Kulleraugen – riesiger Mund – langes Gesicht – struppige Haare – dünner Hals – zerrissenes Hemd – knochige Finger – geflickter langer Rock – Schuhe mit Löchern

Figur II:
lange blonde Haare – kleiner Mund – blaue Augen – zarte Nase – weißes Hemdchen – kleine Hände – barfuß – helle Haut

Wie sehen denn die Wolken aus?

Material Für jedes Kind mehrere Zeichenblätter mindestens DIN A 3, Wachskreiden oder Wasserfarben und Pinsel.

Vorbereitung entfällt

Durchführung Gehen Sie mit den Kindern nach draußen, am besten bei Föhn, und schauen Sie sich zusammen die Wolken am Himmel an. Wenn man den Wolken eine Zeitlang zuschaut, kann man viele verschiedene Gesichter, Gestalten oder Phantasietiere erkennen. Beginnen Sie damit, eine Gestalt zu beschreiben: »Ich sehe einen Drachen mit fünf Köpfen . . .« Die Kinder versuchen den Drachen zu finden und spielen weiter. Zu Hause werden dann die Wolkenphantasien gemalt.

Auch ein Holzbrett, ein Holzboden oder ein Möbelstück mit starker Holzmaserung eignet sich als Anregung für Phantasiemalereien. Wie in den Wolken, so lassen sich auch in der Holzstruktur unendlich viele verschiedene Motive erkennen.

Frau Meier

Material

Für jedes Kind ein vorbereitetes Zeichenblatt DIN A 3, bunte Filzstifte oder Wasserfarben.

Vorbereitung

Jedes Zeichenblatt wird mit einem schwarzen Filzstift in sechs ungefähr gleich große Felder eingeteilt. Zeichnen Sie in jedes Feld schematisch das ›Gesicht von Frau Meier‹ (siehe Abb. 13).
Falls Ihnen das zu schwierig erscheint, kopieren Sie einfach die Abbildung 13 aus dem Buch. Sie können beim Kopieren aufs Doppelte vergrößern: wenn Sie anschließend die Kopie nochmals vergrößern und kopieren, erhalten Sie ein Zeichenblatt, das groß genug ist zum Malen. Nehmen Sie die Kinder zum Fotokopieren mit!

Durchführung

Die Kinder bekommen je ein vorbereitetes Blatt und Farben.
»Wir spielen Kosmetik- und Friseursalon. Frau Meier kommt in den Salon und möchte gerne anders aussehen, eine andere Frisur, vielleicht eine andere Haarfarbe, verschiedene Hüte, Brille . . . Wir versuchen, Frau Meier zu verändern, so daß sie immer wieder anders aussieht. Wie sieht sie denn am schönsten aus?«

Abb. 13

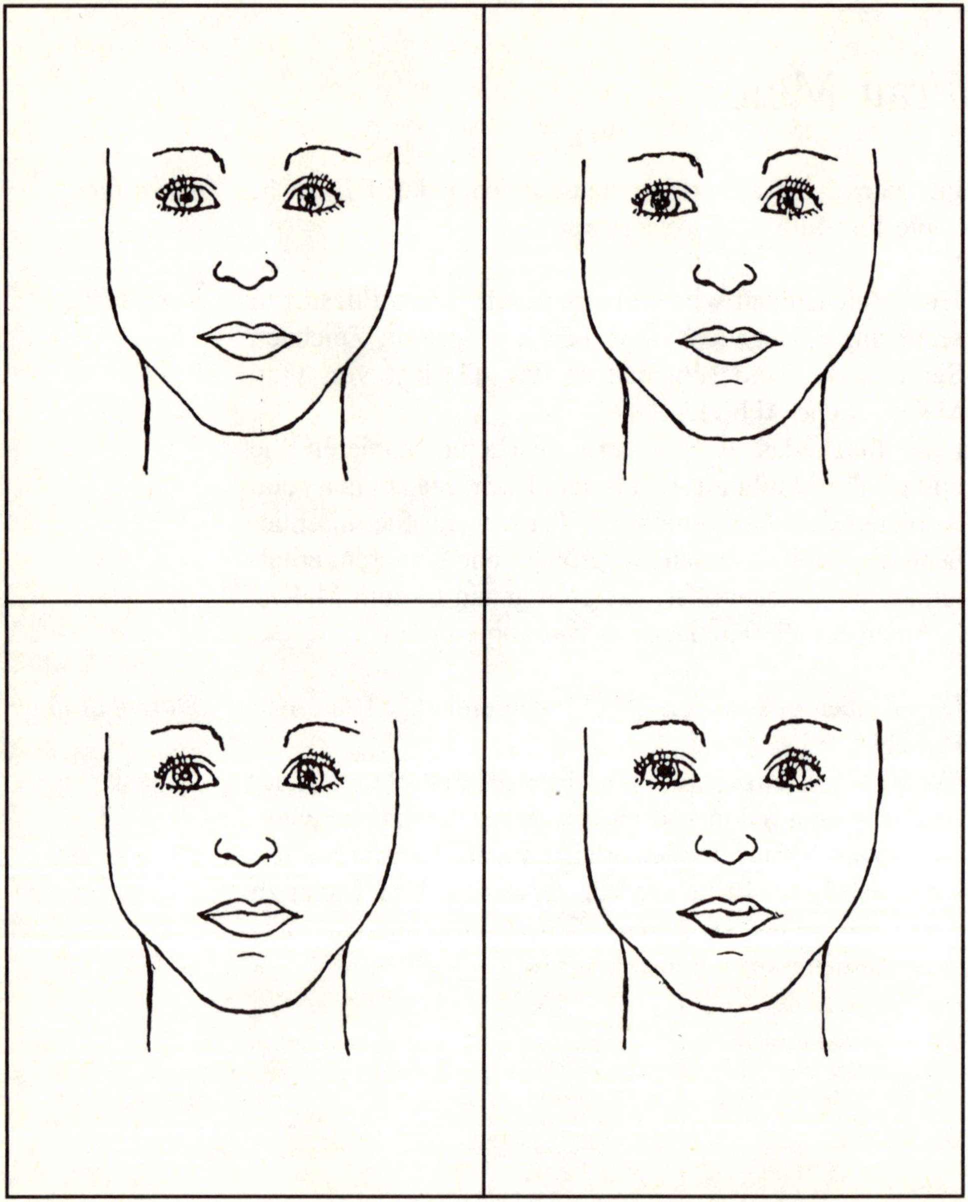

Herr Meier

Material Für jedes Kind zwei vorbereitete Zeichenblätter, Filzstifte oder Wasserfarben und Pinsel.

Vorbereitung Zeichnen Sie wie beim vorhergehenden Thema in sechs ungefähr gleich große Felder auf das erste Blatt das ›Gesicht von Herrn Meier‹ (siehe Abb. 14), auf das zweite Blatt Gesicht, Hände und Füße von ›Herrn Meier‹, bzw. kopieren und vergrößern Sie die Abbildungen 14 und 15.

Durchführung Die Kinder bekommen zunächst je ein vorbereitetes Zeichenblatt mit dem ›Gesicht von Herrn Meier‹ und Zeichenmaterial.

»Als Frau Meier vom Friseur nach Hause kommt, findet ihr Mann sie so schön, daß er sich auch gleich auf den Weg zum Friseur macht.

Wie kann ›Herr Meier‹ verändert werden? Einen Bart vielleicht, gefärbte Haare, Locken . . .?«

»Nach dem Friseur beschließt Herr Meier sogar, sich neu einzukleiden.

Was probiert er alles an? Verschiedene Hüte, Krawatten, kurze Hosen, lange Hosen . . .?

Was kauft er sich wohl?«

Abb. 14

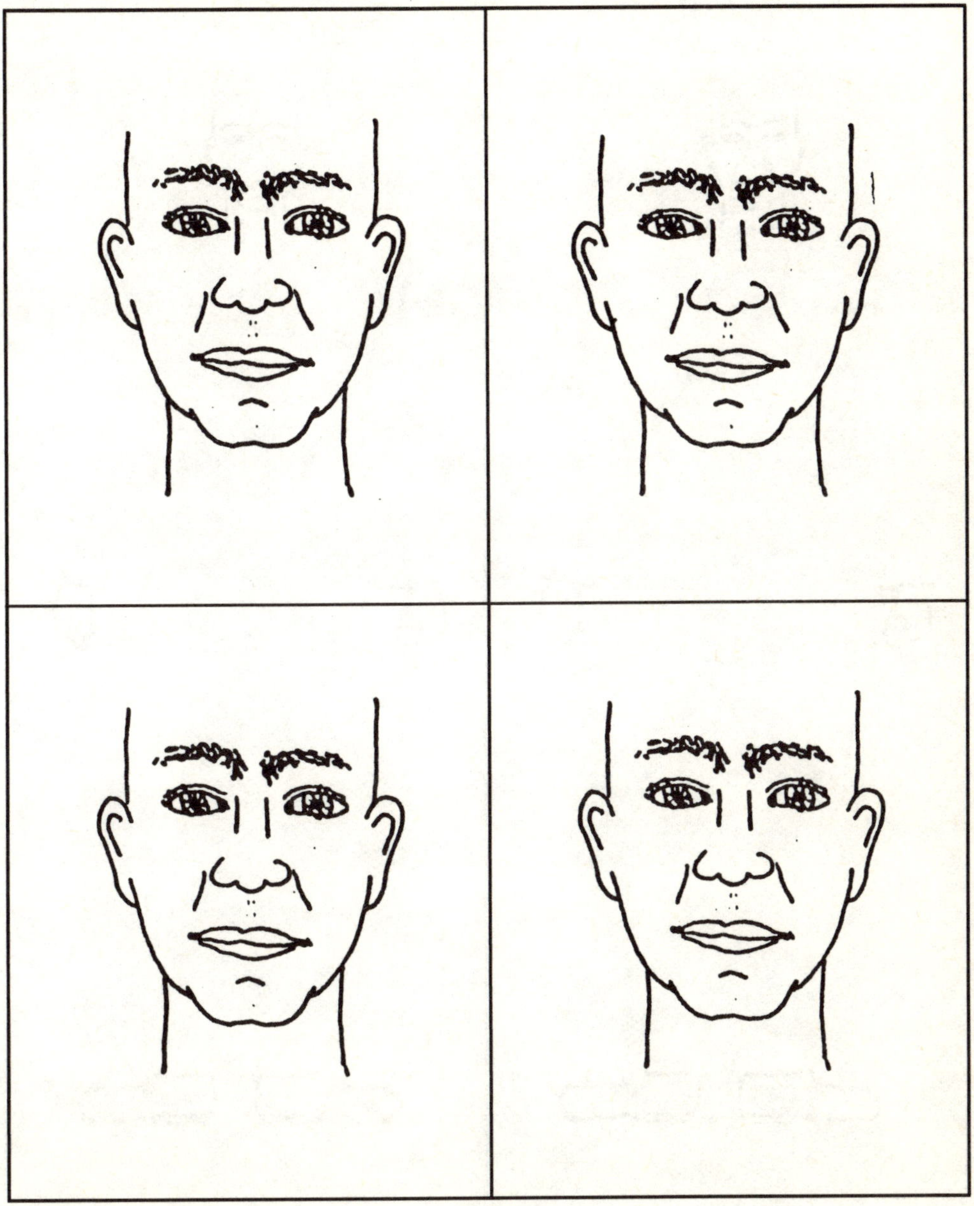

Abb. 15

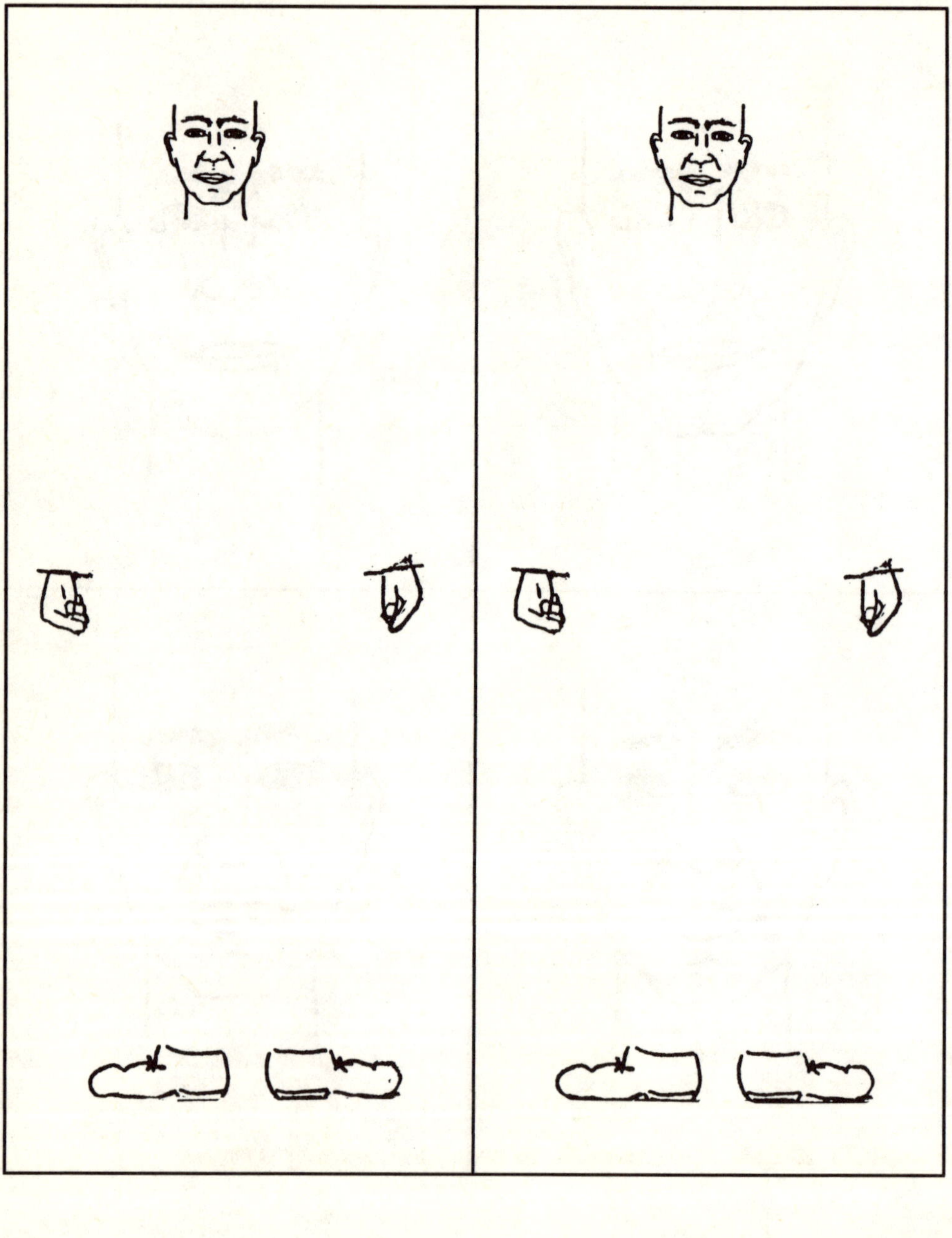

Fernsehen

Das Fernsehprogramm

Material Für jedes Kind ein vorbereitetes Zeichenblatt DIN A 3 oder größer, Filzstifte.

Vorbereitung Zeichnen Sie mit einem schwarzen Filzstift auf jedes Blatt vereinfacht vier etwa gleich große Fernsehapparate (siehe Abb. 16). Auch hier können Sie die Buchabbildung kopieren und vergrößern.

Durchführung Unterhalten Sie sich mit den Kindern über das Fernsehprogramm und die verschiedenen Sendungen. Verteilen Sie anschließend die vorbereiteten Blätter.
»Wir schauen Fernsehen und schalten in jedem Fernsehapparat ein anderes Programm ein, und malen dann, was auf dem Bildschirm passiert.
Im ersten Fernsehapparat vielleicht einen traurigen Film, im zweiten einen lustigen, im dritten Nachrichten, im vierten Werbung. Was für Bilder sehen wir?«

Mein Lieblingsfilm

Material Für jedes Kind ein vorbereitetes Zeichenblatt DIN A 3 oder größer, bunte Filzstifte.

Vorbereitung Zeichnen Sie mit einem schwarzen Filzstift vereinfacht sechs etwa gleich große Fernsehapparate auf die Zeichen-

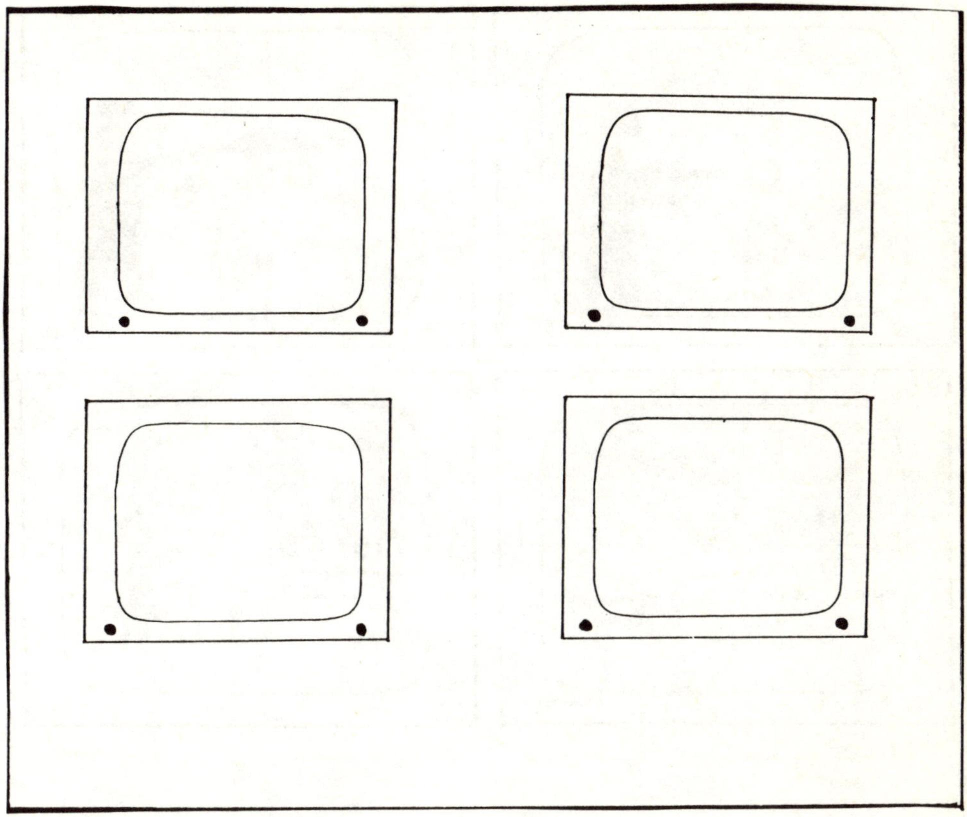

blätter (wie bei Abb. 16), bzw. kopieren und vergrößern Sie wieder die Buchabbildung.

Durchführung

Jedes Kind bekommt ein vorbereitetes Blatt und Filzstifte. »Nachdem wir schon alle Programme durchprobiert haben, schauen wir uns nun einen ganzen Film an, unseren

Lieblingsfilm, vom Anfang bis zum Schluß, und malen den Ablauf des Filmes in die vorgezeichneten Fernsehapparate.«

Das war Pumukel

Spaziergang im Park

Die Parkbank

Material Für jedes Kind vier Zeichenblätter DIN A 3, Wachs-, Filzstifte oder Wasserfarben.

Vorbereitung entfällt

Durchführung Betrachten Sie mit den Kindern die Abbildung 17.
»Bei einem Spaziergang im Park treffen wir alte Leute, die auf einer Parkbank sitzen und sich Geschichten erzählen von früher, als sie noch klein waren. Was könnten das für Geschichten sein? Wir malen von jedem der alten Leute ein Bild mit einem Erlebnis von früher.«

Abb. 17

Ein weinendes Kind

Material

Für jedes Kind ein Zeichenblatt DIN A 3 oder größer, Wachsstifte, Filzstifte oder Wasserfarben.

Vorbereitung

entfällt

Durchführung

»Auf unserem Spaziergang im Park begegnen wir einem schreienden Kind. Was könnte dem Kind passiert sein? Warum schreit es wohl? Wir malen, was geschehen ist.«

Der Baum im Jahreslauf

Material

Für jedes Kind vier vorbereitete Zeichenblätter, so groß wie möglich, Filzstifte, Wachsstifte, Wasser- oder Dispersionsfarben (je nach Größe der Zeichenblätter).

Vorbereitung

Malen Sie mit einem dicken Filzstift oder Pinsel einen kahlen Baum auf jedes Blatt, bzw. kopieren und vergrößern Sie die Abbildung 18.

Durchführung

Die Kinder bekommen zunächst je ein vorbereitetes Blatt und Zeichenmaterial.
»Im Park gibt es viele Bäume, es ist Herbst. Wie sieht der Herbstbaum aus? Wir ziehen ihm sein Herbstkleid an.«
Die Kinder malen den Herbstbaum. Anschließend bekommt jedes Kind ein zweites Blatt.
»Der gleiche Baum im Winter. Wie hat er sich verändert?«
Blatt drei: »Wie sieht derselbe Baum als Frühjahrsbaum aus?«
Blatt vier: »Der Sommerbaum.«
»Welcher Baum hat Blüten, welcher Früchte . . .?«

Abb. 18

Die Puppen im alten Turm

Eine Geschichte zum Weitermalen

Material Für jedes Kind ein Zeichenblatt DIN A 3 oder größer, ein vorbereiteter Karton derselben Größe, Wasserfarben oder Wachsstifte, Schere, Klebstoff.

Vorbereitung Teilen Sie die Kartonfläche mit einem schwarzen Filzstift in 25 verschieden große Felder unterschiedlicher Form ein (siehe Abbildung 19).

Abb. 19

Durchführung Lesen Sie zunächst die Geschichte vor und geben Sie dann den Kindern die Blätter.

Die Puppen im alten Turm

Die Uhr des alten Turmes schlug zwölf Uhr. Es war wieder so weit. Im hintersten Raum des alten Puppentheaters wurde es munter. Dort nämlich lagen in großen Regalen all die Puppen, die tagsüber auf der Bühne den Kindern Geschichten vorspielten. Jede Nacht zwischen zwölf und ein Uhr erwachten sie zu eigenem Leben, konnten sich bewegen und tun und lassen wie und was sie wollten. Sie erzählten sich, was sie schon alles erlebt, und was sie schon alles gesehen hatten, und spielten und tanzten bis die Turmuhr eins schlug. Dann verstummten die Puppen wieder und jede legte sich zurück an ihren Platz in den großen Regalen, bis morgens die Puppenspieler kamen und sie auf die Bühne holten. Heute nacht aber fragte der alte Puppenprofessor, der immer einen schwarzen Frack, gestreifte Hosen und einen Zylinder trug, und dessen Gelenke schon etwas ausgeleiert waren, ob eine der Puppen wohl schon die ganze Welt gesehen hätte. Keine der Puppen war je so weit gereist, daß sie vom letzten Zipfel der Welt hätte erzählen können, und so schmiedeten sie gemeinsam einen Plan. Heute nacht wollten sie den alten Turm verlassen und auf große Reise gehen. Der alte Professor wußte von einem Segelschiff, dessen Besitzer vor einiger Zeit gestorben war, und für das sich niemand mehr interessierte. Damit könnten sie lossegeln. Der Professor öffnete die Tür und eine lustige Gesellschaft von Drachen, Prinzessinnen, Zauberern, Hexen, Königen, Zwergen, Gnomen und Riesen marschierte durch die Tür hinaus in die dunkle kleine Stadt. So ging es durch enge Gäßchen und Straßen, über Kreuzungen, Brücken und Treppen hinunter zum Hafen, voran der alte Professor mit Fernrohr, Weltatlas und Kompaß unter dem Arm. Es war ganz dunkel, alle Menschen schliefen, nur der Mond leuchtete und konnte ihnen zusehen. Im Hafen angekommen, zeigte der alte Professor den anderen Puppen das Segelschiff.

Sie lösten die Taue, zogen den Anker hoch und schon bald waren sie auf

dem offenen Meer. Sie tanzten, spielten und lachten, bis die Sonne aufging und segelten einer Menge Abenteuer entgegen. Ein Jahr lang waren sie auf der Reise, ehe sie ins alte Puppentheater zurückkehrten. Singend und jubelnd, beladen mit allerlei Schätzen aus der weiten Welt, zogen sie in die Stadt und in den Turm ein.
Und von diesem Tag an spielten sie nur noch ihre eigenen Geschichten und Abenteuer, die sie während ihrer einjährigen Reise um die Welt mit dem alten Professor erlebt hatten, und alle Kinder hörten und sahen gespannt zu und das Theater war immer voll. Tollere Geschichten, als diejenigen, die von den Puppen selbst erlebt waren, standen in keinen Büchern und konnte wohl niemand erfinden.

»Was könnten die Puppen alles erlebt haben? Wir malen Abenteuer der Weltreise.«
Die fertigen Bilder werden auf den vorbereiteten Karton geklebt (Kartonfläche dick mit Klebstoff einstreichen) und entlang der vorgezeichneten Linien zerschnitten.
Es entsteht ein Puzzle zum Spielen.

Draußen – drinnen

Material

Für jedes Kind ein vorbereitetes Zeichenblatt DIN A 3, Filzstifte oder Wasserfarben und Pinsel.

Vorbereitung

Zeichnen Sie mit einem schwarzen Filzstift oder Wasserfarben und Pinsel in die Mitte jedes Blattes ein einfaches Sprossenfenster, bzw. kopieren Sie die Abbildung 20.

Durchführung

Verteilen Sie die Blätter und das Zeichenmaterial.
»Auf dem Blatt ist ein Fenster dargestellt. Durch das Fenster können wir von drinnen nach draußen schauen, aus dem Zimmer hinaus ins Freie. Was sehen wir im Zimmer, was sehen wir draußen vor dem Fenster?«
Variation: Die Glasscheiben, d. h. die Flächen zwischen den Fenstersprossen können auch ausgeschnitten werden. Als Glasscheibe wird auf die Blattrückseite, in die Fensteröffnung, ein Transparent oder Butterbrotpapier geklebt, dahinter dann ein Blatt mit dem ›gemalten Blick nach draußen‹. Der Eindruck von drinnen und draußen wird dadurch noch verstärkt.

Abb. 20

Kunstmaler

Material Für jedes Kind zwei vorbereitete Zeichenblätter DIN A 3 oder größer, Filzstifte.

Vorbereitung Halbieren Sie das Zeichenpapier durch eine Mittellinie mit einem schwarzen Filzstift und zeichnen Sie auf jede Blatthälfte die Umrisse eines Sofas und eines Bilderrahmens (siehe Abb. 21) oder kopieren und vergrößern Sie die Abbildung 21.

Durchführung Jedes Kind erhält zunächst ein vorbereitetes Zeichenblatt und Filzstifte.

»Wir spielen Kunstmaler. Auf den Blättern sehen wir jeweils zwei Sofas, über denen schon ein Bilderrahmen hängt. Das linke Sofa soll im Zimmer einer Oma stehen. Sie bestellt sich ein Bild für ihren Bilderrahmen und ein Stoffmuster für ihr Sofa. Was malen wir der Oma für ein Bild und was für ein Stoffmuster bekommt ihr Sofa? Was gefällt der Oma wohl?«

»Das Sofa auf der rechten Bildhälfte gehört einem Opa. Auch er möchte ein Bild haben und ein schönes Sofamuster.«

Besprechen Sie mit den Kindern die entstandenen Kunstwerke. Gehen Sie vor allem auf die Unterschiede zwischen den beiden Bildhälften ein (unterschiedliche Bedürfnisse, verschiedener Geschmack . . .). Die Kinder bekommen dann das zweite Blatt.

»Ein Fußballspieler gibt dieses Mal den Auftrag. Was gefällt ihm wohl?« Wir malen auf der linken Seite.

Abb. 21

»Das Sofa auf der rechten Seite ist unser Sofa. Jeder malt sein Lieblingssofa und sein Lieblingsbild.«

Tapeten

Material

Für jedes Kind drei vorbereitete Zeichenblätter, mindestens DIN A 3 oder größer, Filzstifte.

Vorbereitung

Teilen Sie die Zeichenblätter durch eine Mittellinie mit einem Filzstift in je zwei gleich große Teile.

Durchführung

Jedes Kind bekommt zunächst ein vorbereitetes Zeichenblatt und Filzstifte.
»Wir spielen Tapetenentwerfer. Der erste Auftrag kommt

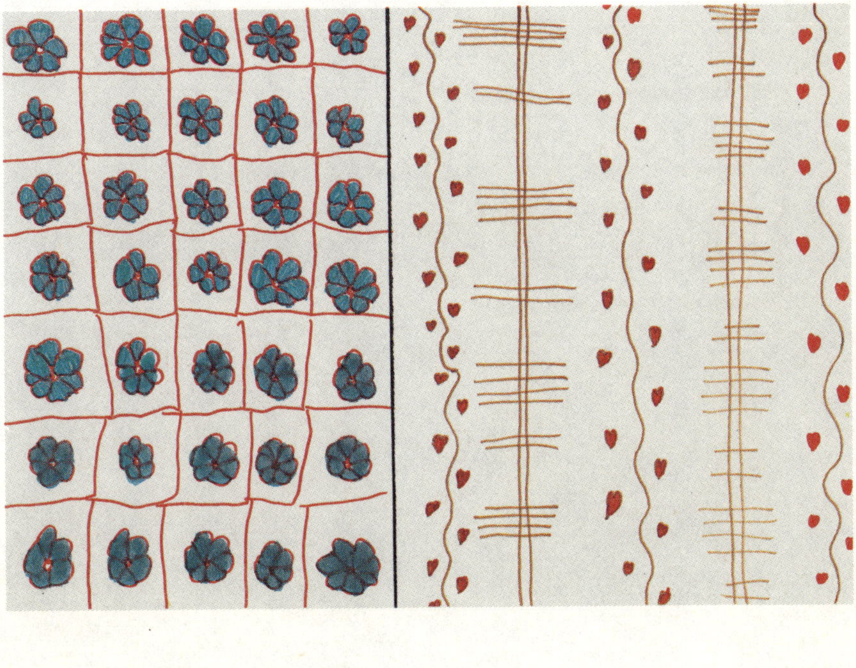

von Graf Dracula. Er möchte eine ganz häßliche Tapete für sein Schloß haben.«
Wir malen auf der linken Bildhälfte.
»Die rechte Seite ist für eine Prinzessin bestimmt. Sie möchte eine ganz schöne Tapete haben.«
Nachdem die Kinder ihre Tapeten gezeichnet haben, werden die Ergebnisse verglichen, besprochen und dann neue Blätter verteilt.
»Wir sind nun schon geübt im Tapetenentwerfen und zeichnen eine Küchen- und eine Schlafzimmertapete.«
Beim letzten Blatt lassen Sie die Kinder wählen, vielleicht eine Metzgertapete, Astronautentapete, Bäckertapete, Rennfahrertapete, Gärtnertapete oder irgendeine andere.

Mein Zimmer

Material

Für jedes Kind ein Zeichenblatt, Wachs- oder Filzstifte bzw. Wasserfarben, eventuell Möbelprospekte.

Vorbereitung

entfällt

Durchführung

Blättern Sie mit den Kindern Möbelprospekte durch oder gehen Sie mit ihnen in ein Möbelhaus, vielleicht auch in ein Antiquitätengeschäft, einen Trödelladen oder auf einen Flohmarkt; schauen Sie sich auch mal zusammen an, was alles an alten Möbeln weggeschmissen wird und als Sperrmüll vor den Häusern liegt.
»Wenn wir unser Zimmer so einrichten könnten, wie wir wollten, was wäre da alles drin? Was könnte man selbst basteln, was müßte man kaufen, und was könnte man alles irgendwo finden?«
Die Kinder malen ihr Phantasiezimmer.

Familie Müller

Material Für jedes Kind fünf vorbereitete Zeichenblätter DIN A 3, Filzstifte, Wachsstifte, am besten Wasserfarben.

Vorbereitung Kopieren und vergrößern Sie die Abbildungen 22 bis 26 der fünf Familienmitglieder von Familie Müller; kleben Sie jeweils eine Kopie auf ein Zeichenblatt.

Durchführung »Wir wissen, daß Leute oft unterschiedliche Meinungen haben, sich streiten, nur, weil sie von den gleichen Dingen verschieden denken. So ähnlich ist es auch bei Familie Müller.«

Schauen Sie sich die Abbildungen der Reihe nach zusammen an.

Abb. 22 »Der Vater ist ein großer Mathematiker, er denkt meist alles viereckig.«

Abb. 23 »Die Mutter ist eine dicke runde Frau. Sie mag runde Formen am liebsten und sieht die meisten Dinge etwas runder als andere Leute.«

Abb. 24 »Die Tante Frieda, die ist böse, meint man, macht immer spitze Bemerkungen und denkt auch immer recht spitz.«

Abb. 25 »Die Susie ist etwas verspielt und ihr gefallen Schnörkelchen und Wellenlinien am besten.«

Abb. 26 »Und dann gibt es noch den kleinen Max. Der denkt noch nicht so viel und sieht die meisten Dinge so wie sie sind.«

»Am Nachmittag gibt es Schokoladentorte. Wie sieht die wohl aus . . .
für den Vater, der alles viereckig denkt?
für die Mutter, die am liebsten runde Formen mag?
für die spitze Tante?
für die verspielte Susie, die Schnörkel am liebsten mag?
für den kleinen Max, der alles so sieht, wie es ist?«
Die Kinder malen neben jedes Familienmitglied die entsprechende Torte.
Sie können das Thema weiterführen, z. B. ». . . Familie Müller wünscht sich einen Vogel, was möchten die einzelnen Familienmitglieder wohl für einen Vogel haben?«
». . . Familie Müller wünscht sich ein Auto, was hätten denn die einzelnen Familienmitglieder gern für eines?«

Familie Lehmann

Material

Für jedes Kind ein vorbereitetes Zeichenblatt DIN A 3, besser größer, Wasserfarben und Pinsel.

Vorbereitung

Zeichnen Sie auf jedes Blatt mit einem dicken schwarzen Filzstift oder mit Tusche und Pinsel fünf ungefähr gleich große Ovale, bzw. kopieren und vergrößern Sie die Abbildung 27.

Durchführung

»Ganz anders als bei Familie Müller ist es bei Familie Lehmann. Der Vater, die Mutter, die Tante, die Sabine, der kleine Erich, alle haben sie von allen Dingen dieselbe Meinung. Sie essen alle das gleiche, sie trinken alle das gleiche, sie freuen sich über dieselben Dinge und sehen sogar fast schon alle gleich aus. Je älter sie werden, desto ähnlicher werden sich ihre Gesichter.
Über der Couch im Wohnzimmer von Familie Lehmann hängen fünf Bilderrahmen mit Fotos von den einzelnen Familienmitgliedern. Die Rahmen sind auf den Blättern dargestellt.
Wir malen die Gesichter von Vater Lehmann, Mutter Lehmann, Tante Lehmann, Sabine und klein Erich in die Rahmen hinein.«

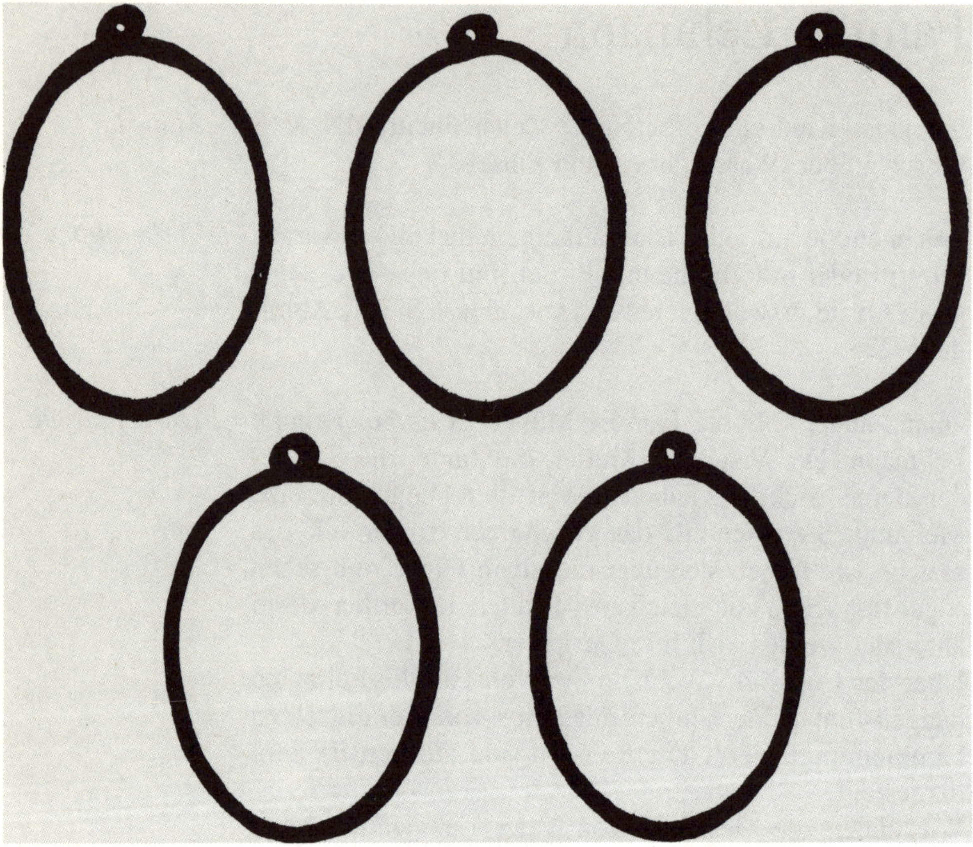

Abb. 27